DÉCRET DU 1ᵉʳ MAI 1902

RELATIF A LA TENUE DES

DOSSIERS DU PERSONNEL

DES OFFICIERS

PARIS

Henri CHARLES-LAVAUZELLE

Éditeur militaire

10, Rue Danton, Boulevard Saint-Germain, 118

—

(MÊME MAISON A LIMOGES)

DÉCRET DU 1er MAI 1902

RELATIF A LA TENUE DES

DOSSIERS DU PERSONNEL

DES OFFICIERS

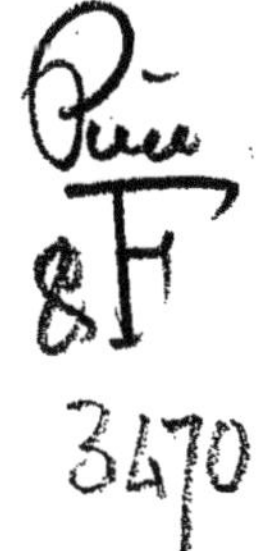

DÉCRET DU 1ᵉʳ MAI 1902

DOSSIERS DU PERSONNEL

DES OFFICIERS

PARIS

Henri CHARLES-LAVAUZELLE

Éditeur militaire

10, Rue Danton, Boulevard Saint-Germain, 118

(MÊME MAISON A LIMOGES)

DÉCRET DU 1er MAI 1902

DOSSIERS DU PERSONNEL

DES OFFICIERS

RAPPORT AU PRÉSIDENT DE LA RÉPUBLIQUE FRANÇAISE.

Monsieur le Président,

Il me paraît utile de supprimer, des différents décrets ou elles sont édictées, les prescriptions relatives à la tenue des dossiers du personnel des officiers et assimilés, pour les réunir dans une instruction ministérielle unique comprenant toutes les dispositions de cette nature concernant les officiers et assimilés des corps de troupe et sans troupe.

D'autre part, je crois nécessaire d'indiquer, dans les règlements sur le service intérieur des troupes, que le soin de noter les officiers revient au colonel.

J'ai préparé, dans cet ordre d'idées, le projet de décret ci-joint, que je vous prie de vouloir bien revêtir de votre signature.

Veuillez agréer, Monsieur le Président, l'hommage de mon respectueux dévouement.

Le Ministre de la guerre,
Général L. ANDRÉ.

DÉCRET.

Le Président de la République française,
Vu les décrets du 20 octobre 1892, portant règlement sur

le service intérieur des troupes, modifiés et complétés par les décrets des 21 décembre 1897 et 6 septembre 1899 ;

Vu le décret du 22 mai 1897, modifié par le décret du 20 mai 1901 ;

Vu le décret du 21 décembre 1897, relatif à la tenue des dossiers du personnel des médecins et pharmaciens militaires et des officiers d'administration du service des hôpitaux ;

Vu le décret du 4 avril 1900, portant règlement sur le service intérieur de la gendarmerie départementale ;

Vu le décret du 4 avril 1900, portant règlement sur le service intérieur de la garde républicaine ;

Sur le rapport du Ministre de la guerre,

Décrète :

Art. 1er.

Le 8e paragraphe de l'article 1er des décrets du 20 octobre 1892, sur le service intérieur des troupes d'infanterie, de cavalerie et d'artillerie, et le 10e paragraphe de l'article 1er du décret du 4 avril 1900, sur le service intérieur de la garde républicaine, sont complétés ainsi qu'il suit :

« Il note les officiers sous ses ordres. »

Art. 2.

Sont abrogés :

1° Les dispositions relatives à la tenue des pièces d'archives et des dossiers du personnel des officiers, contenues dans les articles et chapitres indiqués ci-après des décrets du 20 octobre 1892, sur le service intérieur des troupes, modifiés et complété par les décrets des 21 décembre 1897 et 6 septembre 1899, ainsi que du décret du 4 avril 1900, sur le service intérieur de la gendarmerie départementale et du décret du même jour sur le service intérieur de la garde républicaine :

Décrets du 20 octobre 1892 :

Articles 1er, 16, 23, 55, chapitre XIV *bis* (Infanterie) ;
Articles 1er, 15, 37, chapitre XV *bis* (Cavalerie) ;
Articles 1er, 17, 22, 50, chapitre XIV *bis* (Artillerie) ;

Décrets du 4 avril 1900 :

Articles 6 *bis*, 12 et 88 (Gendarmerie départementale) ;
Articles 2, 21, 22 et 60 (Garde républicaine) ;

2° Le décret du 21 décembre 1897, relatif à la tenue des dossiers du personnel des médecins et pharmaciens militaires et des officiers d'administration du service des hôpitaux.

Art. 3.

Toutes les prescriptions relatives à la composition et à la tenue des dossiers du personnel des officiers et assimilés sont arrêtées par le Ministre de la guerre.

Le Ministre de la guerre est chargé de l'exécution du présent décret.

Fait à Paris, le 1er mai 1902.

EMILE. LOUBET.

Par le Président de la République :

Le Ministre de la guerre,
Général L. ANDRÉ.

ADDITION A L'INSTRUCTION

SUR LE

SERVICE COURANT

Paris, le 1ᵉʳ mai 1902.

Les dispositions suivantes sont ajoutées au chapitre II de l'instruction du 15 septembre 1901, sur le service courant.

Ces dispositions sont applicables à partir du 15 mai 1902.

Il n'y aura lieu, toutefois, pour éviter des écritures dans les corps et services, d'établir un nouveau feuillet du personnel, conforme au modèle III, qu'au moment où l'officier fera mutation, mais les anciens feuillets du personnel devront être attachés ou collés au nouveau feuillet, de manière à former un seul cahier.

H *bis*). — DOSSIERS DES OFFICIERS ET ASSIMILES.

I. — Officiers et assimilés des corps de troupe.

1° TROUPES MÉTROPOLITAINES.

Composition des dossiers.

Art. 101 *a*). Le dossier général d'un officier se divise en deux parties :

1° Pièces d'archives ;
2° Dossier du personnel.

Pour les généraux et assimilés, le livret matricule tient lieu de dossier du personnel, et la même disposition est appliquée à l'égard des colonels de réserve qui onᵗ à exercer, en cas de mobilisation, un commandement de général de brigade.

Ire PARTIE.

Art. 101 *b*). Les pièces d'archives de l'officier comprennent :

Les pièces de l'état civil ;
Le livret matricule ;
Les certificats d'origine de blessure et de maladie, etc.

Ces pièces sont conservées par le trésorier dans une chemise bordereau individuelle (modèle I), à l'exception du livret matricule de l'officier appartenant à une compagnie, un escadron ou une batterie, qui est conservé par le commandant de la compagnie, de l'escadron ou de la batterie.

Lorsqu'un officier change de corps ou de service, ses pièces d'archives sont envoyées, dans la chemise-bordereau qui les renferme, à son nouveau chef de corps ou de service, ou, s'il y a lieu, à son nouveau général de brigade par les soins du colonel (du chef de service ou du général de brigade), après que celui-ci a signé sur la quatrième page de la chemise-bordereau, en indiquant le nombre des pièces qu'elle renferme.

Lorsque la mutation a lieu au moment de la mobilisation, les pièces d'archives sont expédiées directement au commandant du dépôt, qui fait parvenir le livret matricule au nouveau chef de corps ou de service ou au nouveau général de brigade, s'il y a lieu. Si l'officier est affecté à un dépôt, toutes les pièces d'archives, sans exception, sont conservées par le commandant du dépôt.

Quand un officier est mis en non-activité, ses pièces d'archives sont adressées au général commandant le corps d'armée sur le territoire duquel cet officier va résider. Lors du rappel de l'officier à l'activité, ces pièces sont envoyées à son nouveau chef de corps ou de service.

Les pièces d'archives d'un sous-officier promu officier sont envoyées à son nouveau chef de corps qui, après avoir fait prendre les renseignements nécessaires pour l'établissement de la matricule du corps et du livret d'officier, adresse au Ministre de la guerre le livret matricule de sous-officier ainsi que le feuillet de punitions et les pièces de mariage et fait conserver les autres pièces (propositions de rengagement, etc.), dans les archives du corps.

Dans tous les cas, le destinataire accuse réception.

IIe PARTIE.

Art. 101 *c*). Le dossier du personnel de l'officier comprend :
Le feuillet du personnel de l'officier (modèle III) ;
Le feuillet individuel de campagne (modèle IV), rem-

— 11 —

placé dans la gendarmerie par des folios mobiles des
officiers prévôtaux ;
Les feuillets des notes données aux divers établissements
ou écoles militaires où l'officier a passé ;
La copie des lettres d'éloges ou de blâme ;
Les pièces dont l'insertion au dossier de l'officier a été
prescrite par le Ministre.

Ces pièces sont renfermées dans une chemise-bordereau individuelle (modèle II).

Le colonel est chargé de tenir le dossier du personnel de
l'officier.

Il conserve, dans un portefeuille fermant à clef, les dossiers du personnel de tous les officiers du corps.

. Il inscrit, sur le feuillet du personnel, les punitions infligées aux officiers à mesure qu'elles sont prononcées et au
moins deux fois par an, en avril et en octobre (1), des notes
sur leur conduite privée, leur conduite militaire, leur instruction et leurs aptitudes au service.

Quand une portion du régiment est détachée sans échapper
au commandement du colonel, le chef de détachement adresse
au colonel, en temps utile, le relevé des punitions infligées à
chacun des officiers du détachement, ainsi que les renseignements nécessaires pour l'établissement des notes que le colonel doit inscrire sur le feuillet du personnel.

Le colonel inscrit lui-même sur le feuillet individuel de
campagne des officiers le résumé des punitions et des notes
obtenues dans les grades successifs, et, pour les officiers du
génie et du service de santé et les vétérinaires, un résumé des
renseignements portés sur les feuillets techniques. Chaque
année, au 15 avril, le colonel transcrit dans la case de l'année,
ou, s'il le juge à propos, y fait inscrire par le lieutenant-colonel, sauf à la certifier lui-même conforme, une copie exacte
des notes inscrites sur le feuillet du personnel, depuis le 15
avril de l'année précédente, ainsi que le détail sommaire des
punitions nouvelles.

Le feuillet individuel de campagne est renouvelé tous les
six ans, et, en tout cas, à chaque changement de grade (2).

Au bout de cette période, les feuillets individuels de campagne périmés sont brûlés.

A la mobilisation, le feuillet individuel de campagne de
chaque officier est emporté en campagne dans un portefeuille

---

(1) Ces notes doivent être inscrites entre le 1er et le 10 octobre. (Voir
instruction du 1er juillet 1901, 1re partie, article 16.)

(2) Pour la première application, les feuillets individuels de campagne, établis en 1902, seront renouvelés : ceux des lieutenants et sous-
lieutenants en 1907 ; ceux des officiers supérieurs et des capitaines en
1908.

spécial, fermant à clef. Le portefeuille visé au 4ᵉ paragraphe du présent article et renfermant les autres pièces des dossiers du personnel des officiers est laissé dans les archives du corps, et la clef en est adressée au commandant de la subdivision de région.

En campagne, les officiers sont notés par le chef de corps, ou officier supérieur en ayant les attributions, au moins deux fois par an et, dans tous les cas, à la fin de chaque campagne ou expédition : les notes sont inscrites sur le feuillet individuel de campagne.

Au retour. elles sont transcrites sur le feuillet du personnel, afin que ce feuillet permette de suivre chaque officier dans toutes les circonstances de sa carrière .

Les folios mobiles des officiers prévôtaux de **gendarmerie**, conformes aux modèles prescrits par le règlement sur la comptabilité des prévôtés, sont établis par le trésorier.

Le règlement sur le service de la gendarmerie en campagne, fait connaître, pour ces folios mobiles, comme pour ceux des sous-officiers, brigadiers et gendarmes, la manière dont ils doivent être tenus en temps de paix et leur destination en cas de mobilisation.

L'officier supérieur qui a normalement les attributions d'un chef de corps (lieutenant-colonel ou autre officier supérieur commandant un groupe, etc.), reçoit et conserve les dossiers du personnel des officiers placés sous ses ordres, les pièces d'archives restant entre les mains des trésoriers des corps.

Il tient les dossiers, conformément aux dispositions qui précèdent, y compris le feuillet individuel de campagne.

Les dossiers du personnel des officiers appartenant à une batterie détachée en dehors de la région de corps d'armée où est stationnée la portion principale du corps sont tenus par le général commandant l'artillerie ou le général commandant supérieur de la défense, suivant que l'unité relève de l'un ou de l'autre de ces officiers généraux.

Dossiers du personnel des chefs de corps.

Art. 101 *d).* Le dossier du personnel du chef de corps (colonel ou officier supérieur qui en a les attributions), y compris le feuillet individuel de campagne, est tenu par le général de brigade qui a le corps sous ses ordres pour la police et la discipline ou, suivant le cas, par le général de division duquel il relève immédiatement.

Le dossier du personnel des chefs de légion de gendarmerie est tenu, soit par les gouverneurs militaires de Paris et de Lyon, soit par les généraux commandant les corps d'armée.

Cas où l'autorité chargée de la tenue des dossiers du personnel vient à s'absenter.

Art. 101 e). Quand le colonel (le chef de corps ou l'officier supérieur qui en a les attributions et qui est chargé de la tenue des dossiers du personnel) vient à s'absenter, il remet le porte-feuille fermé et cacheté à l'officier qui exerce provisoirement le commandement à sa place. Si ce dernier n'est pas dans la même garnison, le portefeuille est remis au commandant d'armes.

L'officier qui exerce provisoirement le commandement tient note des punitions infligées aux officiers.

Transmission des dossiers du personnel.

Art. 101 f). Quand un officier change de corps ou de service, son dossier du personnel est envoyé, sous pli cacheté, avec la chemise-bordereau qui le renferme, à son nouveau chef de corps ou de service, ou à son nouveau général de brigade, par les soins du chef de corps ou de service ou du général de brigade, qui signe à la quatrième page de la chemise-borde-reau, en indiquant le nombre de pièces qu'elle contient.

Le nouveau chef de corps ou de service inscrit ses notes à la suite de celles de l'ancien chef de corps ou de service, sans ou-vrir un nouveau feuillet du personnel et sans faire un nouveau résumé des notes antérieures.

Quand un officier est nommé à un emploi en dehors du corps, mais sans cesser de lui appartenir, son dossier du per-sonnel est envoyé, sous pli cacheté, à son nouveau chef de ser-vice, qui le tient à jour et le renvoie au corps, avec ses notes, à la rentrée de l'officier.

Les dossiers du personnel des colonels promus généraux de brigade ou nommés au commandement, par intérim, d'une brigade sont envoyés, sous pli cacheté, au Ministre de la guerre.

Quand un officier est mis en non-activité, son dossier du personnel est adressé, sous pli cacheté, au général comman-dant le corps d'armée sur le territoire duquel cet officier va résider. Lors du rappel de l'officier à l'activité, ce dossier est envoyé, sous pli cacheté, à l'autorité chargée de le détenir.

Dans tous les cas, le destinataire accuse réception.

Officiers rayés des cadres.

Art. 101 g). Les dispositions relatives aux dossiers des officiers en activité sont applicables intégralement aux offi-ciers en retraite maintenus dans un corps de troupe ou un établissement militaire (trésoriers, officiers de recrutement, etc.).

Le dossier (1re et 2e parties) d'un officier qui, quoique rayé des contrôles de l'armée active, est encore astreint à des obligations militaires, est adressé au général commandant la région dans laquelle se retire l'officier, pour être conservé par le chef d'état-major jusqu'à l'affectation de cet officier à un emploi, soit dans la réserve, soit dans l'armée territoriale. Lorsque cette affectation est prononcée, le chef d'état-major transmet le dossier (1re et 2e parties) au nouveau chef de corps ou de service.

Ces dispositions sont applicables aux officiers démissionnaires qui, en offrant leur démission, ont demandé à être pourvus d'un emploi de leur ancien grade dans la réserve de l'armée active ou dans l'armée territoriale.

Dans le cas où l'officier rayé des contrôles ou démissionnaire se retire dans une colonie, le dossier est adressé au commandant supérieur des troupes, qui se conforme aux prescriptions ci-dessus.

Le dossier de l'officier démissionnaire qui se retire à l'étranger est adressé au ministère de la guerre (Direction de l'arme).

Le dossier du personnel d'un officier démissionnaire restant encore astreint à des obligations militaires et ayant demandé à être classé, soit comme sous-officier, soit comme soldat, dans la réserve de l'armée active ou dans l'armée territoriale, est envoyé au Ministre de la guerre (Direction de l'arme) ; les pièces d'archives de cet officier sont adressées au commandant du bureau de recrutement qui, après y avoir pris les renseignements nécessaires pour établir les pièces matricules d'homme de troupe, les transmet au Ministre de la guerre.

Les dossiers (1re et 2e parties) des officiers rayés définitivement des contrôles de l'armée, soit pour cause de décès, soit par suite d'admission à la retraite à titre de blessures ou d'infirmités ou par suite de mise en réforme pour infirmités ou par mesure de discipline, soit après avoir accompli toutes les obligations militaires imposées par la loi, sont envoyés au ministère de la guerre (Direction de l'arme).

2° TROUPES COLONIALES.

Les dispositions contenues dans les articles 101 *b*, 101 *c*, 101 *d*, 101 *e*, 101 *f*, 101 *g* sont applicables aux troupes coloniales, sauf cette restriction qu'il n'est pas établi, pour les officiers et assimilés appartenant à ces troupes, de « feuillet individuel de campagne » et que le feuillet du personnel est emporté en campagne.

II. — Officiers et assimilés sans troupe ou détachés.

TROUPES MÉTROPOLITAINES ET COLONIALES.

Art. 101 *h*). Les dispositions qui précèdent, relatives aux dossiers des officiers des corps de troupe, sont applicables au personnel des officiers et assimilés sans troupe ou détachés, sous réserve des indications portées au tableau A ci-après.

En cas de mobilisation, les autorités spécifiées sur ce tableau transmettent, dans les conditions fixées pour les officiers des corps de troupe, le livret matricule et le feuillet individuel de campagne des officiers et assimilés placés sous leur ordres en temps de paix aux autorités qui doivent remplir, vis-à-vis de ceux-ci, les fonctions de chef de corps ou de général de brigade. Les autres documents du dossier du personnel sont conservés dans le portefeuille du temps de paix et déposés dans les archives du corps ou de l'établissement jusqu'à la fin de la campagne, quels que soient les emplois successifs occupés par les officiers ou assimilés.

DISPOSITIONS PARTICULIÈRES AUX OFFICIERS ET ASSIMILÉS SANS
TROUPE MIS A LA DISPOSITION DU MINISTRE DES COLONIES.

Art. 101 *i*). Il y a lieu, pour le personnel des officiers et assimilés sans troupe des troupes métropolitaines, mis à la disposition du ministère des colonies, de se conformer aux dispositions suivantes :

Le livret matricule et le feuillet individuel de campagne de l'officier ou assimilé, affecté, à un titre quelconque, à un emploi du ressort du département des colonies, sont envoyés, par l'intermédiaire du Ministre de la guerre et du Ministre des colonies, aux autorités qui remplissent, vis-à-vis de cet officier ou assimilé, les fonctions de chef de corps ou de général de brigade. Ces autorités noteront l'officier ou assimilé dont il s'agit au moins deux fois par an et, dans tous les cas, à la fin de chaque expédition ou mission.

Le commandant supérieur des troupes décide quelles sont les expéditions ou missions à la suite desquelles les officiers ou assimilés devront être notés.

La partie du dossier qui, suivant les dispositions relatives aux officiers des corps de troupe, doit être conservée par les corps ou services d'origine sera, dans ce cas, adressée au Ministre de la guerre et conservée à la direction d'arme.

Le Ministre des colonies, dès que l'intéressé cessera d'être à sa disposition, renverra au Ministre de la guerre la partie mo-

bile du dossier (livret matricule et feuillet individuel de campagne) qui sera fondue avec le reste, et le dossier complet sera
transmis ensuite par le Ministre de la guerre au nouveau corps
ou service, lors de la réintégration de l'officier ou de l'assimilé dans l'arme ou le service.

S'il s'agit d'un officier allant commander une compagnie ou
un détachement de gendarmerie coloniale, ses pièces d'archives et son dossier du personnel sont adressés au gouverneur
de la colonie, par l'intermédiaire du Ministre des colonies.

III. — Dispositions spéciales aux troupes coloniales en service aux colonies.

Art. 101 *j*). Les dispositions qui précèdent sont applicables
aux officiers, assimilés, agents et agents comptables des troupes coloniales, sous réserve des modifications ci-après :

L'autorité qui détient le livret matricule envoie à l'autorité
qui tient le feuillet matricule de l'officier, assimilé ou agent,
les états mensuels de mutations modèle n° 5 ci-annexé, prévus
par les instructions (Marine) sur la tenue de la matricule
des officiers du 23 septembre 1890 (Infanterie), et du 21 septembre 1893 (Artillerie).

Pour les officiers et agents des services du commissariat et
de santé des troupes coloniales, une deuxième expédition de
ces états mensuels n° 5 est adressée au ministère des colonies
(Bureau militaire).

Le feuillet individuel de campagne est remplacé par le
feuillet du personnel, lequel est adressé, *sous pli cacheté*, portant, en suscription, mention du contenu et placé dans un
bordereau à découvert, au commandant supérieur des troupes,
par l'intermédiaire du Ministre des colonies et du gouverneur
de la colonie.

Ne sont pas notés au feuillet du personnel :

1° Les officiers supérieurs commandants supérieurs des
troupes aux colonies ;

2° Les officiers, assimilés ou agents en service dans les
colonies qui ne comportent pas d'officier supérieur ;

3° Les officiers détachés auprès des gouverneurs des colonies;

4° Les officiers ou assimilés et agents mis à la disposition
du ministère des colonies ou de tout autre département à
l'exception de ceux de la guerre et de la marine (Missions,
Services civils), en dehors de nos colonies ou dans une colonie
dont le commandant supérieur des troupes n'est pas un officier général ou supérieur d'un grade plus élevé que celui des
officiers dont il s'agit.

Pour les officiers, assimilés et agents visés aux quatre paragraphes ci-dessus, mention est faite au feuillet du personnel et, s'il y a lieu, sur le relevé de notes modèle E, du motif de la suspension des notes.

Le chef du corps ou service stationné en France auquel appartenait l'officier désigné pour servir aux colonies envoie, en même temps que les pièces d'archives de cet officier (moins le livret matricule), son dossier du personnel au corps chargé de tenir son feuillet matricule, après avoir inscrit, sur la quatrième page de la chemise-bordereau renfermant ce dernier dossier, la destination donnée au feuillet du personnel.

A la rentrée en France de l'officier, le chef du nouveau corps ou service d'affectation mentionne, sur la chemise-bordereau, le retour du feuillet du personnel.

Lorsqu'un officier, assimilé ou agent rentre des colonies après avoir reçu une affectation en France, son feuillet du personnel est adressé, dans les conditions indiquées ci-dessus, par l'intermédiaire du gouverneur de la colonie, au nouveau chef de corps ou de service. Dans le cas où l'officier, assimilé ou agent rentre sans avoir reçu d'affectation, son feuillet du personnel, enfermé dans une enveloppe cachetée, sans nom de destinataire, mais avec indication du contenu, est adressé au Ministre (Bureau de l'arme) sous bordereau spécial portant mention du motif de l'envoi.

Pour permettre, en cas de perte du feuillet du personnel, de le reconstituer, les relevés de notes modèle E, prévus par l'article 16 de l'instruction du 1er juillet 1901, sur l'établissement des tableaux d'avancement et de concours, sont accompagnés du relevé des punitions infligées pendant l'année écoulée aux officiers ou assimilés.

En outre, pour les officiers, agents et agents comptables des services du commissariat et de santé, une copie du relevé de notes modèle E précité et du relevé des punitions est envoyée au ministère des colonies (Bureau militaire) (1).

Dans les détachements commandés par un officier subalterne, le commandant du détachement adresse au Ministre, en même temps que les relevés de notes modèle E (sur lesquels il note les officiers sous ses ordres), le relevé des punitions infligées, dans l'année, à ces officiers.

Cette règle s'applique aux services dont le chef n'a pas l'assimilation d'officier supérieur.

Les tableaux ci-après font connaître, pour les différents emplois des officiers, assimilés, agents et agents comptables, l'autorité chargée de tenir les différentes parties du dossier.

---

(1) Les prescriptions contenues dans cet alinéa et dans l'alinéa précédent s'appliquent aux corps et services des troupes coloniales stationnés en France.

Dossier.   1.

IV. — Dispositions spéciales aux officiers et assimilés de réserve et de l'armée territoriale.

Art. 101 *k*). Les prescriptions relatives aux dossiers du personnel des officiers et assimilés des corps de troupe et sans troupe de l'armée active s'appliquent aux officiers et assimilés de réserve et de l'armée territoriale, sous réserve des dispositions complémentaires suivantes :

A) *Officiers de réserve et de l'armée territoriale faisant partie des formations actives.*

La première partie des dossiers est tenue par le major qui conserve les états de service des officiers de réserve (Bureau de la Mobilisation).

La deuxième partie est tenue par l'autorité qui a en mains les dossiers des officiers de l'armée active, quel que soit le corps ou quelle que soit l'arme.

B) *Officiers faisant partie de corps de réserve entièrement constitués ou de corps constitués de l'armée territoriale.*

Les dossiers sont tenus dans le corps actif de rattachement :

La première partie par le major, qui a l'administration entière des officiers et hommes de l'armée territoriale, ou par l'officier commandant dans les bataillons ou compagnies détachés ;

La deuxième partie, par le commandant de corps ou de détachement actif, pour tous les officiers de grade inférieur à celui dudit commandant ou par le général qui tient le dossier du chef de corps actif pour l'officier de réserve ou de l'armée territoriale du même grade que celui-ci.

C) *Officiers de réserve ou de l'armée territoriale affectés à un état-major, à une direction, à un établissement, etc.*

Les dossiers sont tenus dans les mêmes conditions que ceux des officiers de l'armée active affectés aux mêmes états-majors et établissements.

Inscriptions à faire sur les dossiers du personnel.

Dans les corps de troupe, tout officier de réserve ou de l'armée territoriale qui accomplit une période d'instruction est noté :

a) Par le chef de corps actif, s'il fait partie d'une formation active ;

b) Par le chef de corps de réserve ou de l'armée territoriale, si celui-ci est présent pendant la convocation, étant entendu que les notes données seront suivies du visa ou de l'appréciation du chef de corps actif ;

c) Par le chef de corps actif ou de rattachement, si le chef de corps de réserve cu territorial n'est pas présent.

Dans les états-majors et établissements, les officiers de réserve ou de l'armée territoriale sont notés par le chef de service.

Pour les officiers d'artillerie, les notes qui leur sont données à la suite des tirs annuels de l'armée territoriale doivent être inscrites au dossier du personnel.

Dans le cas où un officier de réserve ou de l'armée territoriale accomplit un stage dans un autre corps ou service que celui auquel il appartient, les notes qui lui sont données à la suite de ce stage sont transmises, par le chef de corps ou de service dans lequel l'officier a été convoqué, au chef de corps ou service auquel il compte, et transcrites par ce dernier sur son feuillet du personnel.

Les dossiers du personnel (1re et 2e parties) des officiers et assimilés de réserve et de l'armée territoriale rayés des cadres, placés hors cadres ou mis à la suite, par application du décret du 3 février 1880, sont transmis à l'administration centrale de la guerre (Bureau de l'arme ou service).

Il en est de même des dossiers du personnel des officiers et assimilés rayés des contrôles comme résidant aux colonies ou dans les pays de protectorat.

TABLEAU A

Autorités chargées de tenir les 1ʳᵉ et 2ᵉ parties du dossier général des officiers et assimilés sans troupe ou détachés.

GRADES OU EMPLOIS DES OFFICIERS.	AUTORITÉS CHARGÉES DE TENIR	
	1° LES PIÈCES D'ARCHIVES.	2° LE DOSSIER DU PERSONNEL.
État-major particulier du Ministre.		
Le chef du cabinet du Ministre (1)	Un officier ou assimilé désigné par le Ministre.	Le Ministre de la guerre.
Officiers d'ordonnance du Ministre	Id.	Le chef du cabinet du Ministre.
État-major de l'armée.		
Sous-chef d'état-major général de l'armée (1).	Un officier ou assimilé désigné par le chef d'état-major général de l'armée.	Le chef d'état-major général de l'armée.
Chefs de bureau de l'état-major de l'armée (officiers supérieurs).	Un officier d'administration du service d'état-major.	Le sous-chef d'état-major général de l'armée duquel ils relèvent.
Officiers employés ou détachés. Officiers d'administration du service d'état-major et officiers interprètes…	Id.	Le chef de bureau sous les ordres duquel ils sont placés.
Attachés militaires et officiers en mission.	Un officier ou assimilé désigné par le chef d'état-major général de l'armée.	Le chef d'état-major général de l'armée.
État-major de gouvernement militaire ou de corps d'armée.		
Chef d'état-major de gouvernement militaire ou de corps d'armée (1).	Un des officiers d'administration de l'état-major du corps d'armée.	Le général commandant le corps d'armée.
Sous-chefs d'état-major.	Id.	Le chef d'état-major.
Officiers hors cadre, détachés ou stagiaires, ou officiers d'administration du service d'état-major.	Id.	Id.

Etat-major de division, d'un commandement supérieur de la défense des places fortes, d'un gouvernement de place forte, d'un commandement supérieur de défense de groupe, d'un commandement de l'artillerie, d'un commandement du génie.

Chef d'état-major.	Le général commandant.	
Officiers hors cadre, détachés, stagiaires, officiers d'administration du service d'état-major, du service de l'artillerie, du service du génie.	Le chef d'état-major ou, à défaut, le général commandant.	

État-major de subdivision de région.

Officiers d'administration du service d'état-major.	L'officier général commandant.

Officiers d'ordonnance.

Officiers d'ordonnance.	L'officier général auprès duquel ils sont détachés.

Direction du ministère de la guerre.

Sous - directeur................................	Un officier ou assimilé désigné par le directeur.	Le directeur.
Chef de bureau................................	Id.	Le chef de bureau (si ce dernier n'est pas militaire, le sous-directeur ou le directeur).
Officiers ou assimilés de toutes armes et de tous services, employés ou détachés dans les diverses directions du ministère.		

Sections techniques.

Chef de la section technique...............	Un officier ou assimilé ou agent désigné par le chef de la section technique.	Le président du Comité.
Officiers et assimilés détachés à la section technique.		Le chef de la section technique.

Ministère des colonies.

Officiers détachés au ministère des colonies (Administration centrale).	Le chef de la direction ou du service, s'il est officier général ou supérieur; dans le cas contraire, Ministère de la guerre (Bureau de l'arme). •

(1) S'il n'est pas officier général.

GRADES OU EMPLOIS DES OFFICIERS.	AUTORITÉS CHARGÉES DE TENIR	
	1° LES PIÈCES D'ARCHIVES.	2° LE DOSSIER DU PERSONNEL.
Ecoles militaires.		
Commandants ou directeurs des écoles militaires relevant directement du Ministre (non généraux).	Le trésorier ou l'agent comptable de l'école ou, à défaut, un officier désigné par le commandant de l'école.	Le directeur de la direction du ministère dont relève l'école.
Commandants des écoles militaires placés sous les ordres directs des généraux commandants de corps d'armée.		Les généraux commandant les subdivisions de région dans lesquelles sont situées ces écoles.
Officiers de toutes armes faisant partie du cadre constitutif des écoles militaires.		Les commandants ou directeurs de ces écoles.
Officiers élèves.		Le commandant en second de l'école, s'il est officier supérieur; le commandant de l'école, dans le cas contraire.
Affaires indigènes en Algérie et Tunisie.		
Chef du service central des affaires indigènes.	Un officier du service des affaires indigènes désigné à cet effet.	Le chef d'état-major du 19e corps d'armée.
Officiers employés au service central des affaires indigènes.	Id.	Le chef du service central des affaires indigènes.
Chef de la section des affaires indigènes d'une division.	Id.	Le général commandant la division.
Officiers employés à la section des affaires indigènes d'une division.	Id.	Le chef de la section.
Commandant supérieur et officiers des affaires indigènes des cercles et annexes.	Id.	Le général commandant la subdivision.
Conseils de guerre et de revision.		
Commissaire du Gouvernement		

....
fier.

Rapporteurs. . ... ⎱ Officiers d'administration greffiers...... ⎰	Id.	Le commissaire du Gouvernement.
Etablissements pénitentiaires.		
Commandants d'établissements.	L'officier d'administration comptable.	Le chef d'état-major du corps d'armée.
Officiers adjoints au commandant........ ⎱ Officiers d'administration comptables... ⎰	Id.	Le commandant d'établissement.
Bureaux de recrutement.		
Officier supérieur commandant le bureau.	L'officier d'administration du service d'état-major et du recrutement de la subdivision.	Le général commandant la subdivision.
Capitaine adjoint au commandant.......	Le commandant du bureau de recrutement.	
Officier d'administration.	Id.	
Capitaine détaché.	Le trésorier du régiment où compte l'officier.	Le colonel du régiment où compte l'officier.
Cavalerie et remontes.		
Commandants des circonscriptions de remonte et directeur des établissements hippiques de l'Algérie et de la Tunisie.	L'officier comptable du dépôt de remonte chef-lieu de la circonscription.	L'inspecteur général permanent des remontes.
Commandants des dépôts de remonte rattachés directement à l'inspection des remontes et commandant des établissements hippiques de Suippes.	L'officier comptable du dépôt ou des établissements.	
Commandants des dépôts de remonte rattachés à une circonscription.	Id.	Le commandant de la circonscription de remonte.
Officiers employés dans les établissements de remonte et annexes.	Id.	Le commandant du dépôt.

* En Algérie et en Tunisie, les dossiers du personnel des commissaires du Gouvernement et des commandants d'établissements pénitentiaires sont tenus par le chef d'état-major de la division.
Lorsque les intéressés sont d'un grade égal à celui du chef d'état-major, ces documents sont tenus par le général commandant la division.

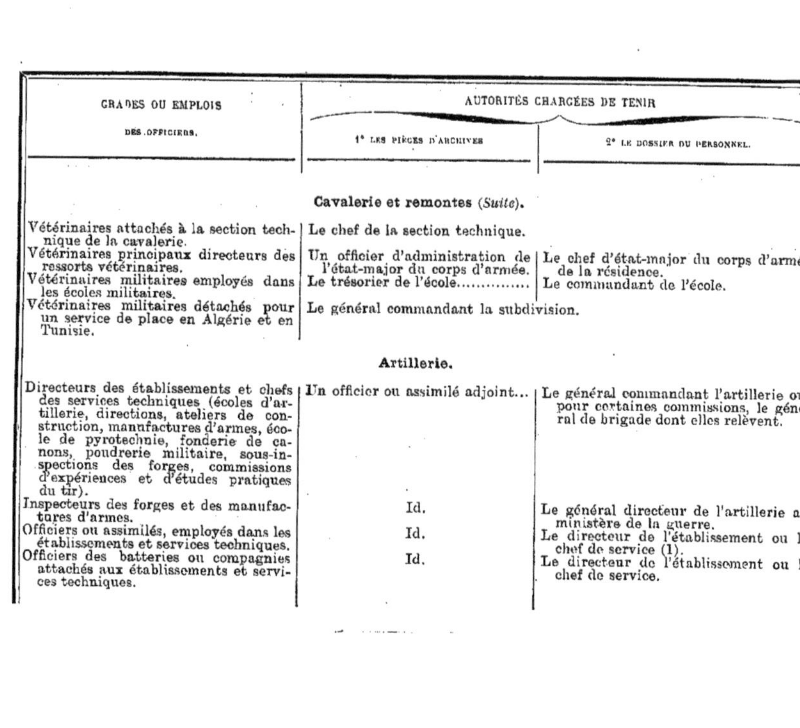

GRADES OU EMPLOIS DES OFFICIERS.	AUTORITÉS CHARGÉES DE TENIR	
	1° LES PIÈCES D'ARCHIVES	2° LE DOSSIER DU PERSONNEL.
Cavalerie et remontes (*Suite*).		
Vétérinaires attachés à la section technique de la cavalerie.	Le chef de la section technique.	
Vétérinaires principaux directeurs des ressorts vétérinaires.	Un officier d'administration de l'état-major du corps d'armée.	Le chef d'état-major du corps d'armée de la résidence.
Vétérinaires militaires employés dans les écoles militaires.	Le trésorier de l'école...............	Le commandant de l'école.
Vétérinaires militaires détachés pour un service de place en Algérie et en Tunisie.	Le général commandant la subdivision.	
Artillerie.		
Directeurs des établissements et chefs des services techniques (écoles d'artillerie, directions, ateliers de construction, manufactures d'armes, école de pyrotechnie, fonderie de canons, poudrerie militaire, sous-inspections des forges, commissions d'expériences et d'études pratiques du tir).	Un officier ou assimilé adjoint...	Le général commandant l'artillerie ou, pour certaines commissions, le général de brigade dont elles relèvent.
Inspecteurs des forges et des manufactures d'armes.	Id.	Le général directeur de l'artillerie au ministère de la guerre.
Officiers ou assimilés, employés dans les établissements et services techniques.	Id.	Le directeur de l'établissement ou le chef de service (1).
Officiers des batteries ou compagnies attachés aux établissements et services techniques.	Id.	Le directeur de l'établissement ou le chef de service.

Génie.

Personnel attaché à une école du génie.	Le colonel commandant le régiment.	
Directeurs dans l'étendue de la région de commandement d'un général commandant le génie.	Le général ou le colonel commandant le génie.	
Directeurs des régions où il n'y a pas de généraux commandant le génie et colonels employés dans le commandement du génie de région, à défaut d'officiers généraux.	Le général commandant le corps d'armée.	
Directeurs chargés de directions relevant directement du Ministre.	Le général directeur du génie au ministère.	Le général directeur du génie au ministère.
Officiers commandant les détachements permanents affectés à l'École d'application de l'artillerie et du génie.	Le trésorier du régiment..........	Le général commandant l'Ecole d'application de l'artillerie et du génie.
Officiers des compagnies détachés dans les places fortes.	Id.	Le directeur du génie du groupe de défense.
Officiers, officiers d'administration employés dans les directions, les chefferies et établissements.	L'officier d'administration adjoint au directeur.	Le directeur du génie.
Officiers commandant les détachements permanents affectés aux établissements du génie.	Trésorier du régiment..............	Le directeur des établissements.

Service de l'Intendance.

Sous-intendants militaires et adjoints à l'intendance. Officiers d'administration.	Un officier d'administration dans le service intéressé.	Le directeur du gouvernement militaire de la région ou du corps d'armée. Le directeur de l'intendance du gouvernement militaire, de la région ou du corps d'armée.

Dépôt des modèles et Usine d'essai.

Sous-intendant directeur de l'établissement.	Le directeur de l'intendance militaire au ministère.	
Officiers d'administration.	Un officier désigné par le directeur de l'établissement.	Directeur de l'établissement.

(1) Dans les commissions présidées par un officier général, le colonel ou lieutenant-colonel vice-président est considéré comme chef de service.

GRADES OU EMPLOIS DES OFFICIERS.	AUTORITÉS CHARGÉES DE TENIR	
	1° LES PIÈCES D'ARCHIVES.	2° LE DOSSIER DU PERSONNEL (A).
Service de santé (1).		
Médecins principaux, directeurs du service de santé dans les corps d'armée ou les gouvernements militaires.	Le premier officier d'administration de la direction du service de santé.	Le général commandant le corps d'armée ou le gouvernement militaire.
Officiers du corps de santé et officiers d'administration attachés aux directions du service de santé.	Le premier officier d'administration de la direction du service de santé.	Directeur du service de santé.
Officiers du corps de santé (médecins et pharmaciens), officiers d'administration du service de santé attachés aux hôpitaux militaires : officiers en sous-ordre.	Officier d'administration gestionnaire.	
Médecins chefs de service..............	....	Directeur du service de santé.
Officiers en sous-ordre..................		Médecin chef de service.
Officiers du corps de santé attachés aux salles militaires des hospices mixtes (n'appartenant pas aux corps de troupe) :	Le premier officier d'administration de la direction du service de santé.	
Médecins chefs de service..............	....	Directeur du service de santé.
Médecins en sous-ordre.................		Médecin chef de service.
Officiers d'administration attachés aux sections d'infirmiers militaires.	Officier d'administration commandant la section.	Médecin chef chargé de la surveillance de la section.
Pharmaciens et officiers d'administration attachés aux magasins et dépôts de matériel du service de santé, aux pharmacies d'approvisionnement et aux pharmacies régionales.	Gestionnaire de l'établissement.	Directeur du service de santé ou médecin chef de service.
Officiers du corps de santé et officiers d'administration attachés aux écoles du service de santé : officiers (médecins, pharmaciens, officiers d'administration) faisant partie du cadre constitutif de l'école.	Officier d'administration trésorier de l'école.	Directeur de l'école.
Officiers du corps de santé élèves.........	Id.	Sous-directeur de l'école.
Commissariat et corps de santé des troupes coloniales (2).		
Directeur du commissariat et directeur du service de santé du corps d'armée des troupes coloniales (quand ils ne sont pas officiers généraux).	Le général commandant le corps d'armée des troupes coloniales.	
Officiers et agents du commissariat des troupes coloniales employés à la direction du commissariat du corps d'armée des troupes coloniales.	Le directeur du service du commissariat du corps d'armée des troupes coloniales.	
Officiers et agents du corps de santé des troupes coloniales employés à la direction du service de santé du corps d'armée des troupes coloniales.	Le directeur du service de santé du corps d'armée des troupes coloniales.	
Chefs des services administratifs des troupes coloniales dans les ports militaires.	Le directeur du service du commissariat du corps d'armée des troupes coloniales.	
Officiers du commissariat, agents et agents comptables en service dans les ports militaires.	Le chef des services administratifs du port.	
Directeur ou chef des services administratifs aux colonies.	Le commandant supérieur des troupes.	
Directeur ou chef du service de santé aux colonies.	Le commandant supérieur des troupes.	

(A) Pour le commissariat et le corps de santé des *troupes coloniales*, ces en-têtes deviennent :
1 Le livret matricule ;
2° Le feuillet du personnel.
(1) Les dossiers du personnel des officiers du corps de santé attachés aux corps de troupe sont tenus d'après les règles fixées pour les officiers des corps de troupe.
(2) Les pièces d'archives (moins le livret matricule) et le dossier du personnel des officiers et agents du commissariat et du service de santé des troupes coloniales, y compris un double du feuillet du personnel, sont tenus, dans tous les cas, par la direction des troupes coloniales (3° bureau). Un double du feuillet matricule et du feuillet du personnel est en outre tenu au ministère des colonies.

Commissariat et corps de santé des troupes coloniales (*Suite*).

Officiers du commissariat et agents en service aux colonies.	Le directeur ou le chef des services administratifs.	
Officiers et agents du corps de santé employés dans les établissements hospitaliers aux colonies.	Le directeur ou le chef du service de santé.	
Officiers et agents du commissariat et du corps de santé mis à la disposition du département des colonies pour être employés à l'administration centrale.	Le chef de la direction ou du service, s'il est officier supérieur; dans le cas contraire, direction des troupes coloniales (3° Bureau).	
Officiers du corps de santé mis à la disposition du département des colonies pour faire partie du Conseil supérieur de santé des colonies.	Le médecin inspecteur président du Conseil de santé.	
Officiers du commissariat mis à la disposition des colonies pour être employés comme chefs de service dans les ports de commerce de la métropole.	Direction des troupes coloniales (3° Bureau).	
Officiers du commissariat, agents et agents comptables employés en sous-ordre dans les ports de commerce.	Le chef du service colonial.	
Officiers et agents du commissariat et du corps de santé placés hors cadre et mis à la disposition du département des colonies ou d'un autre département pour remplir des fonctions spéciales (missions d'exploration, services civils).	Direction des troupes coloniales (3° Bureau).	

Les officiers et agents en service dans une direction ou un service sous les ordres d'un fonctionnaire civil sont notés par ce fonctionnaire seulement au point de vue technique.

TABLEAU B.

Autorités chargées de tenir les 1re et 2e parties du dossier général des officiers, assimilés, agents et agents comptables des troupes coloniales, indiqués ci-dessous.

EMPLOIS.	AUTORITÉS CHARGÉES DE TENIR		OBSERVA- TIONS.
	1° LE LIVRET matricule.	2° LE FEUILLET du personnel.	
Officiers détachés auprès des gouverneurs et éventuellement des résidents généraux ou supérieurs.	Un officier désigné par le commandant supérieur des troupes.	Le commandant supérieur des troupes (a).	(a) Les officiers dont il s'agit ne sont pas notés au feuillet du personnel.
Officiers pourvus d'un commandement territorial (région, territoire ou cercle) qui n'exercent pas en même temps un commandement d'unité.	L'officier général ou supérieur sous les ordres duquel ils se trouvent placés au titre de leur fonction. Si cet officier n'est pas d'un grade supérieur à celui de l'officier dont il s'agit, le feuillet du personnel est, dans ce cas, tenu par l'autorité militaire immédiatement supérieure.		
Officiers en service dans les états-majors de régions de territoires ou de cercles.	*Idem.*		
Officiers affectés au service du recrutement, de la justice militaire ou à tout autre service non prévu dans les cadres des corps de troupe.	L'officier chef de service.	L'officier chef de service s'il est officier supérieur; dans le cas contraire, le commandant supérieur des troupes.	Le dossier du personnel des chefs de service est tenu par le commandant supérieur des troupes.
Officiers mis à la disposition du ministre des colonies (missions, fonctions civiles, etc.).	Un officier désigné par le commandant supérieur des troupes.	Le commandant supérieur des troupes (a).	
Officiers en service aux colonies dans les compagnies ou sections formant corps.	Le commandant de l'unité.	Le commandant supérieur des troupes, s'il est officier général ou supérieur; dans le cas contraire, le feuillet du personnel est tenu au ministère (Bureau de l'arme).	
Officiers d'artillerie en service aux colonies dans les batteries qui ne sont pas placées sous le commandement d'un officier supérieur.	Le commandant de la batterie.		

MODÈLES D'ÉTATS

Nota. — Les modèles d'états sont en vente à la librairie militaire Henri Charles-Lavauzelle, 10, rue Danton, boulevard Saint-Germain, 118, Paris.

DÉTAIL DES TRANSMISSIONS SUCCESSIVES.

4ᵉ page

Transmis au nombre de piè- ces à M. le par le (1) A le (2)	Id.
Id.	Id.
Id.	Id.
Id.	Id.
Id.	Id.
Id.	Id.
Id.	Id.

(1) Le chef de corps ou de service, ou général de brigade ; indiquer le
grade, le numéro de l'unité qu'il commande ou le service.
(2) Signature.

MODÈLE I.

Même format
que le feuillet du personnel
(modèle III).

PIÈCES D'ARCHIVES

constituant la première partie du dossier général
de M. (NOM) (PRÉNOMS),
né à *le*

CHEMISE-BORDEREAU.

NUMÉROS D'ORDRE.	DATES DES PIÈCES.	ANALYSE SOMMAIRE.

NOTA. — La présente chemise-bordereau est ouverte par le trésorier à la date
de l'affectation de chaque officier ou assimilé à son premier corps ou service. Elle
contient, en tout temps, les pièces de l'officier ou assimilé ayant un caractère
administratif, telles que les pièces de l'état civil (acte de naissance, etc.), le livret
matricule de l'officier, les certificats d'origine de blessure ou de maladie. Elle
les accompagne dans leurs transmissions successives.

Toutes les pièces sont inscrites dans l'ordre de leur ancienneté de date et reçoivent un numéro d'ordre reproduit sur la chemise-bordereau.

Si l'officier auquel se rapportent ces pièces compte dans une compagnie, son livret matricule, après avoir été inscrit une fois pour toutes sur la chemise-bordereau par le trésorier, est remis par lui au commandant de la compagnie.

Lorsque l'officier quitte le corps, le livret matricule est replacé dans la chemise-bordereau et transmis, avec les pièces qu'elle renferme, au nouveau chef de
corps ou de service.

Toutefois, lorsque la mutation a lieu au moment de la mobilisation, les pièces
d'archives sont expédiées directement dans la chemise-bordereau au commandant
du dépôt du nouveau corps, qui fait parvenir le livret matricule au nouveau
chef de corps ou de service, ou au nouveau général de brigade s'il y a lieu.

Si l'officier doit faire partie d'un dépôt, toutes les pièces d'archives sans exception sont expédiées au commandant du dépôt.

DÉTAIL DES TRANSMISSIONS SUCCESSIVES.

4ᵉ page.

Transmis au nombre de pièces à M. le par le (1) A (2) le	Id.
Id.	Id.
Id.	Id.
Id.	Id.
Id.	Id.
Id.	Id.
Id.	Id.

(1) Le chef de corps ou de service, ou général de brigade ; indiquer le grade, le numéro de l'unité qu'il commande ou le service.
(2) Signature.

MODÈLE II. Même format que le feuillet du personnel (modèle III).

DOSSIER DU PERSONNEL

constituant la deuxième partie du dossier général
de M. (NOM) (PRÉNOMS),
né à le

CHEMISE-BORDEREAU.

NUMÉROS D'ORDRE.	DATES DES PIÈCES.	ANALYSE SOMMAIRE.

NOTA. — La présente chemise-bordereau est établie en même temps que le feuillet du personnel. Elle contient, en tout temps, le dossier du personnel de l'officier, c'est-à-dire : feuillet du personnel de l'officier, feuillet individuel de campagne, feuillet des notes données dans les divers établissements ou écoles militaires où l'officier a passé, copie des lettres d'éloge ou de blâme, pièces dont l'insertion au dossier de l'officier est prescrite par le Ministre.

Cette chemise accompagne le dossier du personnel dans ses transmissions successives.

Toutes les pièces qu'elle contient sont inscrites dans leur ordre chronologique et reçoivent un numéro d'ordre reproduit sur la chemise-bordereau.

— 34 —

2ᵉ page.

POSITIONS SUCCESSIVES.	GRADES.	DATES	
		DE L'ARRIVÉE au corps ou du commencement de la mission ou de la position.	DU DÉPART du corps ou de la fin de la mission ou de la position.
Services antérieurs à la nomination d'officier (élève à l'École de ou appelé ou engagé volontaire).			

NOTA. — Quand cette page est remplie, on mentionne sur la dernière ligne qu'un premier intercalaire suit ; le recto du premier intercalaire devient la page 2 *bis* et le verso la page 2 *ter*. Les intercalaires doivent être attachés ou collés au premier feuillet de manière à former un cahier.

Format...... { Haut. 0ᵐ,320 { Larg. 0ᵐ,210
Cadre de justification. { Haut. 0ᵐ,290 { Larg. 0ᵐ,180 Arme { ou service. {

MODÈLE III.

FEUILLET DU PERSONNEL (3)

de M.

1ʳᵉ page.   Nᵒ du feuillet (A).

Nom , Prénoms , Surnom
fils de Date et lieu de naissance et de dame , domiciliés
à , canton d , département d
Marié le , autorisation du
Enfants : masculin , féminin .
(1)

DATES DES GRADES SUCCESSIFS.

Sous-lieutenant le	Capitaine le	Lieut.-col. le
Lieutenant le	Chef de bat. le	Colonel le

CAMPAGNES.	
(2) { du { au	Affaires auxquelles l'officier a pris part (dates des affaires).
	Actions d'éclat et citations à l'ordre de l'armée.
	Blessures de guerre.
En captivité à...... { du ou en internement à { (Suivant le cas). { au	Blessures en service commandé.
	Lettres et témoignages de satisfaction du Ministre, etc.

DÉCORATIONS.

FRANÇAISES.	ÉTRANGÈRES.

(A) Les feuillets sont classés par ordre alphabétique.
(1) Indiquer, s'il y a lieu, les renseignements relatifs aux séparations de corps ou de biens, au divorce, au veuvage, à un nouveau mariage, option, changement de nom (dates des décrets ou jugements).
(2) Indiquer la nature des campagnes et, lorsqu'il y aura lieu, celles qui comptent doubles.
(3) Le feuillet du personnel devra être coté et paraphé par le premier chef de corps, qui aura à y porter ses notes.

— 35 —

PUNITIONS.

DATES.	ARRÊTS			NOMS ET GRADES DES OFFICIERS qui ont infligé les punitions. — Motifs.
	simples.	de rigueur.	de forteresse.	
TOTAUX..				

NOTA. — Quand cette page est remplie, on mentionne dans la colonne « Motifs », sur la ligne « Totaux » qu'un premier intercalaire suit : le recto de ce premier intercalaire devient la page 4 *bis* et le verso la page 4 *ter*. Les intercalaires doivent être attachés ou collés au premier feuillet de manière à former un cahier.

PUNITIONS.

DATES.	ARRÊTS			NOMS ET GRADES DES OFFICIERS qui ont infligé les punitions. — Motifs.
	simples.	de rigueur.	de forteresse.	

DATES.		NOTES
ANNÉE.	SEMESTRE.	PARTICULIÈRES ET SUCCESSIVES (suite).

DATES.		NOTES
ANNÉE.	SEMESTRE.	PARTICULIÈRES ET SUCCESSIVES.

8ᵉ page — Verso

DATES		NOTES
ANNÉE.	SEMESTRE.	PARTICULIÈRES ET SUCCESSIVES (*suite*).

Nota. — Quand cette page est remplie, on mentionne sur la dernière ligne qu'un premier intercalaire suit ; le recto du premier intercalaire devient la page 8 *bis*, et le verso la page 8 *ter*. Les intercalaires doivent être attachés ou collés au premier feuillet de manière à former un cahier.

Recto — 7ᵉ page

DATES		NOTES
ANNÉE.	SEMESTRE.	PARTICULIÈRES ET SUCCESSIVES (*suite*).

Recto.

Modèle IV.

FORMAT :
Hauteur......... 0^m,21
Largeur......... 0^m,17

FEUILLET INDIVIDUEL DE CAMPAGNE.

(1) Indiquer au crayon le corps ou le service.

(1)

(2) Indiquer la date de promotion.

Nom et prénoms :   , surnom :
grade (2)
Date et lieu de naissance :
fils de   et de dame
domiciliés à   , canton d
département d   . Marié le
autorisation du
Domicile de la famille :

(3) Indiquer les aptitudes spéciales de l'officier et les positions spéciales qu'il a occupées.

Résumé des notes antérieures à l'année 1902 (3) :

Verso.
Recto.
COPIE DES NOTES DU FEUILLET DU PERSONNEL.
1902.
1905.
1903.
1906.
1904.
1907.

Résumé des punitions antérieures au 1er janvier 1902.

NOMBRE DE JOURS D'ARRÊT			INDICATION GÉNÉRALE DES MOTIFS DES PUNITIONS.
simples.	de rigueur.	de forteresse	Nature générale des fautes. Faits particulièrement graves ayant entraîné les punitions.

Punitions postérieures au 1er janvier (1).

(1) Résumer numériquement (par année, s'il y a lieu) les punitions peu importantes, et ne reproduire textuellement le libellé que pour celles qui présenteraient un caractère particulier de gravité.

<table>
<tr><td>

FORMAT :

Hauteur........ 0^m,315
Largeur........ 0^m,205

</td><td>

MODÈLE V.

</td><td>

Décision ministé-
rielle (Marine)
du 23 septembre 1890.

</td></tr>
</table>

Désignation }
du corps }
ou service. }

État des mutations matriculaires survenues parmi les officiers
pendant le mois d   19   .

NUMÉROS ma-tricules.	NOMS.	GRADES.	MUTATIONS.

A   , le   190   .

Le (1)

(1) Le chef de corps ou de service.

Paris et Limoges. — Imprimerie militaire Henri CHARLES-LAVAUZELLE.